2 食とインバウンド

新 仕事の図鑑 未来へステップ！ もくじ

2 食とインバウンド

はじめに
「食とインバウンド」にかかわる仕事について ... 4

- ご当地グッズ開発者 ... 6
- 展望台スタッフ ... 10
- 車夫 ... 12
- バスガイド ... 14
- 屋形船スタッフ ... 16
- タクシー運転手 ... 16
- 日帰り温泉施設スタッフ ... 17
- 山小屋管理人 ... 17
- スキー場スタッフ ... 17
- 杜氏 ... 18
- 道の駅スタッフ ... 22
- 観光農園スタッフ ... 24
- リゾートホテルスタッフ ... 26
- 日本政府観光局スタッフ ... 28
- ツアープランナー ... 28
- 真珠加工技術者 ... 29
- 土産物店店員 ... 29
- 扇子職人 ... 29

🎤 寿司職人 ……………………………… 30
🎤 パティシエ …………………………… 34
🎤 板前 …………………………………… 36
🎤 うどん職人 …………………………… 38
和菓子職人 ……………………………… 40
ラーメン店店主 ………………………… 40
製茶工 …………………………………… 41
しょうゆ製造工 ………………………… 41
バリスタ ………………………………… 41
デパ地下販売スタッフ ………………… 42
フードデリバリー（料理配達員） …… 42
コンビニスタッフ ……………………… 42

さくいん ………………………………………… 43

コラム 社会体験授業 ………………… 46

🎤 マークがついている記事は、インタビューが読めます！

仕事えらびの適性、興味・関心の目安を職業名の右横に3つ表示しています！

体力	…… 体力が必要。	自然が好き	…… 海や野山、川などの自然が好き。
運動神経	…… 運動神経が必要。	地道にこつこつ	…… 根気づよくとりくむことが好き。
手先の器用さ	…… 手先をつかった作業が得意。	リーダーシップ	…… 多くの人をまとめていく力がある。
探究心	…… 深くほりさげてきわめるのが好き。	チームワーク	…… ほかの人たちと協力して仕事ができる。
アートセンス	…… 芸術的センスが必要。	コミュニケーション	…… ほかの人たちと意見交換ができる。

3

「食とインバウンド」にかかわる仕事について

「インバウンド（inbound）」とは、英語で「外から中に入りこむ」という意味で、外国人が日本に旅行でおとずれることをいいます。

そうした訪日外国人の数は、年々増加しています。日本政府観光局（JNTO）の統計では2011年には約622万人でしたが、2019年には約3188万人となり、およそ5倍になりました。その後、2020年から2022年は新型コロナウイルスの影響で減少しましたが、2023年は約2507万人、2024年は2019年をこえる過去最高の約3687万人となりました。

訪日外国人にとって、日本の「食」は大きな魅力のひとつです。日本旅行で期待していることは、日本食（和食）を食べることがいちばん多く、つづいて、買い物、繁華街の街歩き、自然や景勝地の観光などがあげられます。海外で日本食が注目されるのは、「健康的でおいしい」、「新鮮な食材をつかっている」、「みた目が美しい」などの理由からです。

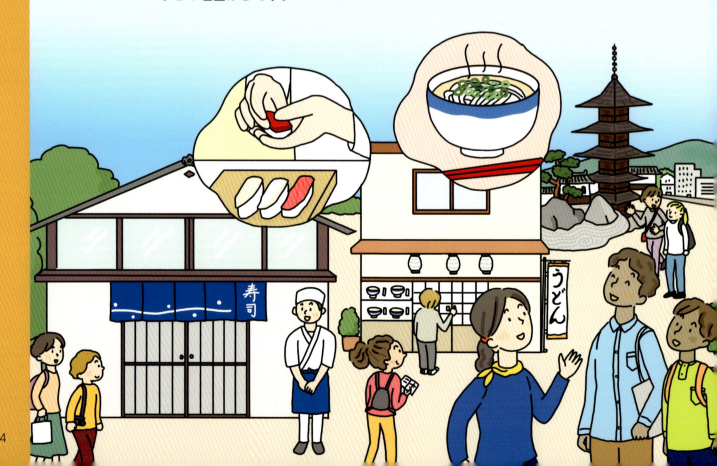

世界的な寿司ブームや、2013年に和食がユネスコの無形文化遺産に登録されたことも影響をあたえています。2024年には日本酒や焼酎、泡盛といった麹菌をつかった日本の「伝統的酒づくり」がユネスコの無形文化遺産に登録され、今後、日本の酒もますます注目されていくと考えられます。近年は、寿司をにぎる、和菓子をつくる、温泉に入る、酒蔵見学をするなど、さまざまな日本文化を体験したいという訪日外国人もふえていて、日本で「商品を買うこと」から「サービスなどを体験したい」という方向にインバウンドの消費の傾向がかわりつつあります。

　この巻では、訪日外国人に人気のある日本食や伝統食品をつくる仕事、観光地や観光スポットではたらく仕事、お土産や旅行に関する仕事など、食やインバウンドにかかわる仕事をとりあげています。この本が、私たちの身近にある仕事をインバウンドという視点で考えるきっかけになってくれればうれしいです。

「新・仕事の図鑑」編集委員会

ご当地グッズ開発者

アートセンス
チームワーク
コミュニケーション

その土地の魅力を表現する新しいご当地グッズの企画を考え、商品になるまでかかわる仕事です。

▲ご当地グッズの「ご当地ベア」と、その商品開発をしている市川みなみさん。ご当地ベアは、地域ごとの名物をモチーフにしたくまのぬいぐるみ。

どんな仕事かな？

ご当地グッズとは、その地域や都市の特色や魅力をモチーフにしてデザインしたオリジナル商品（グッズ）をさします。ご当地とは、「この土地」のていねい語で、ご当地グッズには、ぬいぐるみ、キーホルダー、バッジ、Tシャツをはじめ、筆箱やペン類、手帳、ノートなどの文具類、キャラクターをえがいたアクリルスタンドなど、たくさんの種類があります。ご当地グッズは、主に観光地などでお土産として売られています。このようなご当地グッズを新たに企画・開発し、商品にするまでの工程にかかわるのが、ご当地グッズ開発者です。

ご当地グッズの企画のだいご味は、何といってもさまざまな土地を表現したオリジナルグッズを考えることです。開発者はグッズの営業担当者からの提案なども参考にして、インターネットなどを利用し、すでに似たようなものが販売されていないかを調べ、オリジナル商品の開発につとめます。

▶いろいろな種類のご当地グッズ。写真右側の「ふじちゃん」は、富士山をモチーフにしたご当地グッズ。

＊一部販売が終了している商品もふくまれています。

ご当地グッズの企画では、土地ごとの魅力を何のモチーフで表現するかがとても大事です。その土地の名物や特産品、観光名所、伝統工芸品、歴史的背景などをモチーフにすることが多いです。つくるグッズの種類によって、ご当地らしい魅力が伝わるモチーフをえらびます。

　モチーフが決まれば、次に具体的なデザインをかためていきます。ご当地グッズのデザインは、モチーフそのものをデザイン化していくものと、キャラクターなどの基本の形に、モチーフをとりいれたものがあります。どちらの場合も、ご当地グッズ開発者が企画案をだし、それをもとにデザイナーがデザインをつくります。何度も検討し、最終的なデザインが決まると、いよいよ試作品づくりです。試作品のできぐあいによっては、理想のイメージを追求して、配色や素材を変更することもあります。こうして試作品づくりをかさねて、イメージどおりのものが完成すると、工場での生産に入ります。

　ご当地グッズ開発者は、自分の企画にそったご当地グッズができあがり、土産物店などにならんでいるのをみると、仕事のやりがいを感じます。

　ご当地グッズの企画では、ほかにも、アニメやマンガなどのキャラクターとのコラボ企画や、企業などから依頼を受けて企画から製造まですべてひきうけるものなどがあります。依頼を受けた仕事では、依頼主の要望にこたえ、ご当地ならではの特徴を加え、さらにオリジナル性が高く、多くの人に受けいれられるようなグッズを生みだします。

ご当地グッズ開発者の主な仕事の流れをみてみよう！

メールの確認をします。ご当地グッズ開発者に送られてくるメールは、進行中の企画に関連した情報や、営業担当者からの提案、企業からの要望など、さまざまです。

新規あるいは進行中のご当地グッズ企画の打ちあわせをします。ご当地グッズ開発者と同じ部署のスタッフや、デザイナーなどをまじえて意見をだしあいます。

(写真提供：株式会社FUJISEY)

デザイナーとグッズのデザインやキャラクター、配色などについて打ちあわせをします。デザイナーが画面上にイラストをうつしだし、色のチェックなどをおこないます。

デザイナーとの連携

ご当地グッズ開発者の案をもとに、具体的なグッズキャラクターデザインを手がけるのが、デザイナーです。パソコンや液晶タブレットをつかい、企画案のイメージをイラストなどにえがき、着色します。画面上ですぐに確認でき、デザインなどの変更にも対応してくれます。

ご当地グッズ開発者

インタビュー

市川 みなみ さん
株式会社FUJISEY

地域ごとの魅力をグッズにこめたい

苦労してつくった企画が通ったときは、とてもうれしいです。企画から1つの商品ができるまでには、多くの人の労力と長い時間がかかっています。

どんな仕事をしているのですか？

私が所属している商品部は、企画チームとデザインチームに分かれていて、私は企画チームに所属しています。主な業務内容は、新商品の企画、営業やメーカーとの窓口になること、商品ができあがるまでのスケジュール管理などです。

▲デザイナーとご当地ベアの色について、色見本帳（→8ページ右下写真）をつかって、打ちあわせをしているようす。

この仕事をするきっかけは？

大学生のときの授業で、地元のお店などを紹介するプロモーションビデオをつくりました。実際にお店の方と話したり、撮影でみせ方をくふうしたりして、意見をだしあいながら1つのものをつくりあげました。この経験からものづくりの楽しさを知り、商品開発という仕事に興味をもちました。

こどものころに好きだったことは？

小学生のころからアニメやマンガが好きで、いまでも夢中になっています。絵も好きで、昔はよくかいていました。企画の仕事なので、かいた絵が直接デザイン化されることはないですが、だれかに企画のイメージを伝えたいときには、仕事で絵をかくこともあります。

ご当地グルメってなに？

ご当地グッズと同じように、「ご当地」がついているものに「ご当地グルメ」があります。ご当地グルメは、その地域特有の食材や調理法でつくられた料理です。地域おこしを目的に、主に観光客むけに気軽に食べられる料理がつくられています。

地域の特色をだした焼きそばやラーメン、ぎょうざやカレーなど、全国各地にさまざまなご当地グルメがあり、観光客から人気です。

わたしのアイテム

▲仕事でつかっている色見本帳。新しい商品の色を決めるときなど、イメージした色を正確に共有するために使用する。

▲▶市川さんと、市川さんが商品開発をしたご当地ベア。ぬいぐるみの衣装や足の裏など、細部にまでこだわってつくられている。

企画はどのように考えるのですか？

　ご当地グッズの企画は、社内で出た案を私たち企画チームで検討して、ねりあげていきます。情報は基本的にインターネットで調べることが多いです。プライベートで出かけたときには、お土産屋さんに行って、「これよさそう！」という目でみるなど、いつも企画のことを頭の中で考えています。

うれしいこと、楽しいことは？

　苦労して形にした企画が最終的に通ったときは「やったー！」とうれしくなります。また、家族などと出かけた先で、自分が開発したグッズをみつけたときも、うれしくて自慢してしまいます。
　まわりの皆さんといっしょに、こんな商品にしたらおもしろそうと考えているときは、わくわくして楽しいです。

これだけは伝えたい！

実際につくってみてください

　アイデアなどが頭に浮かんだら、人に話すだけではなく、何か形にのこるものとしてつくってみてください。ものづくりは楽しいので、その経験から学ぶことはたくさんあると思います。実際につくってみたほうが、達成感も大きいです。

仕事をしていてたいへんなことは？

　企業などから依頼を受けて商品をつくる場合、生地や色などを納得していただけるまで提案したり、サンプルを何度もつくりなおしたりすることがあります。また、商品のスケジュール管理では、デザイナーやメーカー、営業といった各所への確認がたいへんだと感じます。たいへんなときは、まわりの人に相談して、サポートを受けて、乗りこえています。

この仕事のやりがいや魅力は？

　1つの商品ができあがるまでには、長い時間とたくさんの人たちの労力が必要です。その分、商品が形になったときのよろこびが大きく、達成感ややりがいを感じます。自分の思いを形にできるのが、商品開発の魅力だと思います。

ご当地グッズ開発者になるには

　資格は問われませんが、大学などでマーケティング（商品などを売るための方法を考えること）を学び、商品企画の基礎を身につけると役にたちます。商品開発の中でも、とくに商品のデザインがしたい場合は、美術系の大学や専門学校などでデザインの基礎知識や技術を学んでおくとよいでしょう。

この仕事への道

| 中学 | 高校・専門学校・大学など | ご当地グッズの企画・開発会社 | ご当地グッズ開発者 |

展望台スタッフ

体力
チームワーク
コミュニケーション

お客さんに展望台からのすばらしい景色を楽しんでもらうために、スタッフが連携してはたらきます。

▲東京スカイツリー®の展望台で接客をしている、展望台スタッフの多賀絢音さん（上）。夜は窓の外に広がる夜景も観光客から人気（左）。

どんな仕事かな？

展望台とは、高いところから遠くまで広く景色をみわたせる建物や場所のことです。山頂付近、タワーやビルの最上部などにあります。

このようなところではたらくのが、展望台スタッフです。展望台スタッフは、お客さんにそこからみえるすばらしい景色を楽しんでもらえるように、それぞれの持ち場につき、大きな施設や広い展望台では、無線機をつかってスタッフどうしが連絡をとりあいながら仕事をしています。

具体的には、ならんでいるお客さんの列の整理や展望台の入場チケットの販売や予約の確認、エレベーター前の乗降サポートや各エレベーターへの乗車のふりわけ、展望台でのみどころの紹介や案内、お客さんの安全を守るためのみまわりなどの仕事があります。

お客さんをスムーズに案内し、展望台での体験を心から楽しんでもらうことがやりがいです。

展望台は、その地域を代表する観光スポットとして、海外からの観光客にもとても人気です。

◀展望台の入場チケットを販売するようす。海外からのお客さんとの交流では、語学力が生かせる。

インタビュー

チームワークで届ける最高の景色

多賀 絢音 さん
東京スカイツリー® 展望台スタッフ

スタッフが協力して、お客さまがふだんみることができないような景色をご案内できるのが魅力です。

🎤 この仕事をするきっかけは？

これまでいろいろな接客業を経験してきました。はじめて東京スカイツリーの展望台に行ったときに、目の前に広がるすばらしい景色にとても感動して、このような非日常的な場所でお客さまをおもてなしする仕事をしてみたいと思いました。

わたしのアイテム

▲仕事のときに身につけているポーチとエチケット袋など。ポーチの中には、筆記用具やスタッフどうしで連絡をとりあうときにつかう無線機などが入っている。エチケット袋は、気圧の変化で体調が悪くなったお客さまに提供する。

これだけは伝えたい！

相手の反応をみてください

お客さまに何かをご案内するときや、質問にこたえるときは、一方的に伝えるのではなく、相手にきちんと伝わっているのか、反応をみながら、ことばをえらんでご案内しています。海外の人にかぎらず、お客さまとコミュニケーションをとるうえで、とてもたいせつなことだと思います。

🎤 楽しいこと、うれしいことは？

スタッフどうしで連携して、展望台までお客さまをスムーズにご案内できると、達成感があって楽しいです。うれしいことは、海外からのお客さまがとても多いので、生きた語学をその場で学ぶことができることです。

🎤 仕事をしていてたいへんなことは？

お客さまのご要望に全部こたえられないときです。そのようなときは、お客さまの話をよく聞いて、「これはできませんが、これはできます」という案をだしたり、上司に相談したりしています。

🎤 心がけていること、やりがいは？

混雑している日だと、1対何百、何千のお客さまの対応をするので、判断力をもち、スムーズに行動することを心がけています。

仕事の魅力は、非日常的な場所ではたらけることです。自分のことばやジェスチャーでお客さまを笑顔にできることにやりがいを感じています。

展望台スタッフになるには

資格は問われません。展望台を運営している会社や、展望台スタッフ委託会社に入り、展望台の知識や接客などの研修を受けてからなるのが一般的です。英語などの語学が生かせます。

この仕事への道

中学⇒高校⇒専門学校・大学など ⇒ 展望台を運営している会社・展望台スタッフ委託会社 ⇒ 展望台スタッフ

車夫
しゃふ

体力
チームワーク
コミュニケーション

観光地などで人力車にお客さんを乗せて史跡などの観光スポットを案内しながら走る仕事です。

▲人力車をひき、多くの観光客でにぎわう浅草の町へとむかう車夫の梶原浩介さん。

どんな仕事かな？

車夫は「俥夫」とも書き、観光地などでお客さんを人力車に乗せてひくのが仕事です。主に、史跡や名所をめぐりながら、歴史・日本の伝統文化をふまえた観光案内をします。

車夫は、事前に学習した知識や経験した内容をまじえ、地域で注目のグルメやお土産の情報などもお客さんに伝えます。依頼があれば、観光スポットで記念写真をとってあげるのも大事な仕事です。そのほか、結婚式やイベントなどに出張して人力車をひくこともあります。

車夫はお客さんの命をあずかって公道を走る仕事なので、毎日欠かさずに人力車の安全点検をおこないます。人力車の重量は約80kgあり、おとな2人を乗せると、200kg以上になることもあるので、人力車をひく体力も必要です。海外からの観光客が多いので、英語などの語学も生かせます。

人力車に乗ったお客さんが車夫の案内で観光地を楽しみ、満足して旅の思い出としてもちかえってもらうことが、次のやりがいにつながります。

◀お客さんに観光案内をしているようす。

インタビュー

人力車で人の役にたちたい

食べ物の味やお土産の手ざわりなど、自分の経験を通して、お客さまにお伝えしています。

梶原 浩介 さん
えびす屋

この仕事をするきっかけは？

遊びにいった先で、たまたま人力車をみかけて、おもしろそうだなと思いました。ちょうど人の役にたつ仕事がしたいと考えていたので、「この仕事だ！」と直感で思いました。

仕事をしていてうれしいことは？

いちばんはお客さまから感謝をいただけることです。「ありがとう！」といわれた瞬間、うれしくて疲れが吹きとびます。

仕事で感動したことは？

とくにはじめて人力車にお客さまを乗せたときのことがわすれられません。つえをついた年配のご夫婦を乗せて、緊張しながら無我夢中で案内しました。終わりころにふりかえると、おふたりとも泣かれていて。聞くと、「こんなからだだから旅行に行っても駐車場のまわりを歩くだけ。今日は自分たちが歩けないところまでつれていってくれて、一生懸命やってくれたから感動した」ということばを聞き、一生の仕事にしようと思いました。

▲人力車に乗った視点。車や往来する人にも気をくばりながら、目的地までひいてもらえる。

この仕事のやりがいは？

この仕事は、人力車が商品ではなく、自分自身が商品です。お店でいただいた食べ物の味や香り、お土産をさわった手ざわりなど、自分というフィルターを通した経験をお客さまにお伝えするので、自分自身がきたえられることが仕事のやりがいです。

車夫になるには

資格は問われません。人力車のサービスを提供している会社に入るのが一般的です。体力があり、英語などが話せると、役にたちます。

わたしのアイテム

◀▼2人乗りの用の人力車と車止め（右）。車止めは、タイヤにはさんで、人力車が動かないようにするもの。

これだけは伝えたい！

語学がきたえられます！

皆さんが語学をきたえたいと思ったら、車夫の仕事に興味をもってくれるとうれしいです。海外のお客さまからは、日本文化や歴史など、予想外の質問もありますので、生の語学が学べます。また、礼儀正しさや他者への思いやりなど、日本人らしさもたいせつにしてほしいです。

この仕事への道

中学 → 高校・専門学校・大学など → 人力車の会社 → 車夫

バスガイド

体力
探究心
コミュニケーション

観光バスを利用するお客さんに観光地の魅力を伝え、楽しく安全に旅ができるようにサポートします。

▲バスガイドの関春野さん。出発前のようす（上）と、バスの中でお客さんに観光案内をしているところ（右上）。

どんな仕事かな？

　観光バスには、決められたコースを数時間かけてまわる定期観光バスと、お客さんがバスを借りきって観光旅行などをする貸切観光バスがあります。バスガイドの仕事は、主に観光バスでお客さんが楽しく安全に旅ができるようにサポートすることです。

　バスに乗る前に、運転手と旅のスケジュールを確認し、お客さんをバスに乗せると、窓の外にみえる景色やその土地の歴史の案内をするほか、旅をもりあげるためにクイズやゲームなどをします。また、お客さんの体調に気をくばり、体調をくずしたお客さんに適切な処置などもします。目的地につくと、観光スポットを案内するほか、土産物店や食事施設でお客さんに楽しんでもらいます。

　さらに、運転手のサポートもします。たとえば、目的地に到着すると、バスガイドはお客さんより先に降車して、安全に駐車できるようにバスを誘導します。コースが終わり、営業所にもどると、車内の清掃などをおこないます。

　お客さんから「楽しい旅だった」の声をもらえると、バスガイドにとってのはげみになります。

▶観光地では、目印となる専用の旗をもち、安全を確認しながらお客さんを誘導する。

インタビュー

いろいろな場所で感動を分かちあえる

関 春野さん
株式会社はとバス

はじめてその土地に行ったときのような気持ちで、お客さまのご案内をしています。

この仕事をするきっかけは？

美術系の高校と大学に行き、美術の教員免許をとりましたが、採用試験を受けるタイミングがおくれてしまい、教員にはなれませんでした。何をしようかと考えたときに、バスガイドは修学旅行などで児童や生徒にかかわれる仕事ですし、旅行好きだったこともあり、やってみようと決めました。

わたしのアイテム

▲（左から）教本（2冊。観光地ごとの教材）、観光案内用の自作のノート、笛、靴みがき、フェルトペン、手袋。フェルトペンはお客さまのお土産に名前を書くときにつかう。

これだけは伝えたい！

世の中にある仕事を意識してください

学生時代に、「世の中にはどんな仕事があるかな」と意識してすごしてみると、やりたい仕事がみえてくるかもしれません。バスガイドは、観光ルートによって学ぶ内容がことなります。学んだ分だけお客さまから直接反応をいただけるため、いっしょに感動やよろこびを分かちあえる、とてもよい仕事だと思います。

仕事をしていてたいへんなことは？

仕事によって出勤時刻がちがうので、1日のリズムをつくるのがたいへんです。体調管理をして、万全の態勢でお客さまをおむかえしています。

仕事をしていてうれしいことは？

「歴史がきらいだったけど、ガイドさんの話を聞いて、歴史がすごくおもしろいと思った」とか、「さっきの話に感動して涙が出ました」といった、生の声を直接いただけることがうれしいです。

▲バスに乗って営業所にもどると、窓や床などの車内清掃をおこなう。

仕事で心がけていることは？

自分にとってはみなれた景色でも、お客さまにとってははじめての土地の場合もあります。自分がはじめて行ったときの新鮮な気持ちをわすれずに、お客さま目線でご案内をするようにしています。

バスガイドになるには

資格は問われません。バス会社に入り、研修を受けてからなるのが一般的です。専門学校や大学などで、観光学を学んでおくと役にたちます。

この仕事への道

中学 → 高校・専門学校・大学など → 観光バス会社・バス会社 → バスガイド

屋形船スタッフ

コミュニケーション / チームワーク / 体力

屋形船で接客や配膳、清掃などを担当し、お客さんに思い出深い体験を提供します。

お客さんに料理を提供する屋形船スタッフ。お客さんは、船の上で食事をしながら景色も楽しめる。

屋形船のルーツは平安時代に貴族が舟遊びをしたところまでさかのぼるといわれます。屋形船は全国各地にあり、現在はエアコンやカラオケ、水洗トイレが常備され、川下りや海岸ぞいをめぐるコースをはじめ、季節にあわせて花見や花火見物など、船の上で楽しめる多彩なコースを用意しています。屋形船スタッフには、屋形船を操縦する船長のほか、お客さんに天ぷらなどの料理をつくる料理人や、接客、配膳、清掃するスタッフなどがいます。

屋形船スタッフになるには、とくに必要な資格はありませんが、船を操縦する場合には小型船舶操縦免許など、調理をする人は調理師免許が必要です。

この仕事への道

中学 → 高校・専門学校・大学など → 屋形船運営会社 → **屋形船スタッフ**

タクシー運転手

コミュニケーション / 運動神経 / 地道にこつこつ

交通状況に応じた最適なルートをえらび、お客さんを安全に目的地まで送迎します。

タクシー運転手は、お客さんとのコミュニケーションをたいせつにして、ていねいな対応を心がけている。

タクシー運転手は、料金メーターなどがついた専用の自動車でお客さんの要望する場所まで安全かつ快適に送りとどけ、距離や時間などに応じて料金をもらう仕事です。また、タクシーを借りきっての観光地めぐりを外国人のお客さんから求められる場合もあり、語学が得意な人は仕事に生かせます。

タクシー運転手になるには、普通自動車第一種運転免許取得後、普通自動車第二種運転免許を取得する必要があります。受験資格特例教習を修了すると、普通自動車第一種運転免許取得から1年以上が経過し、満19歳以上という条件を満たしていると、第二種運転免許試験を受験できます。

この仕事への道

中学 → 高校・専門学校・大学など → タクシー会社 → **タクシー運転手**

日帰り温泉施設スタッフ

コミュニケーション
チームワーク
体力

日帰り温泉施設でさまざまなサービスを提供します。

日帰り温泉施設スタッフは、気軽に日帰り温泉を楽しみたいお客さんのために、施設内のさまざまな温泉サービスを提供する仕事です。近年は、日本の温泉文化を体験したいという外国人観光客の利用もふえています。

施設内には、大浴場や露天風呂、サウナなどの浴場施設のほかに、食事を楽しめる食堂やマッサージなどのリラクゼーション施設もあります。日帰り温泉施設スタッフは、受付や案内、タオルなどの貸しだし、お客さんへの食事の提供などのほか、施設内の清掃やタオルなどの回収、温泉の泉質チェックなどの仕事をおこなっています。

日帰り温泉施設スタッフになるには、日帰り温泉施設などに就職します。

この仕事への道

中学 → 高校・専門学校・大学など → 日帰り温泉施設など → **日帰り温泉施設スタッフ**

山小屋管理人

自然が好き
リーダーシップ
体力

登山者を受けいれ、山での安全を守ります。

山小屋とは、登山者が登山の途中で休憩や宿泊をするために利用する施設です。山小屋管理人は、スタッフと協力して、山のふもとから食材や水、燃料などを調達し、登山者を受けいれ、寝床や食事を提供します。ほかにも、山小屋の清掃や修理、安全に登山ができるように山小屋付近の登山道の整備や確認、天候や登山で危険な場所など、遭難防止のための情報提供もおこないます。遭難事故がおきたときには、山小屋は重要な支援拠点となります。山岳救助隊の救助活動をサポートし、遭難した人や救助隊員に必要な食料や飲み物、医療用品を提供するなど、重要な役割をはたします。山や自然が好きで、体力があるだけでなく、コミュケーション能力や緊急時の判断力が必要となる仕事です。

この仕事への道

中学 → 高校・専門学校・大学など → 山小屋でスタッフとして経験を積む → **山小屋管理人**

スキー場スタッフ

コミュニケーション
運動神経
自然が好き

スキー場でお客さんが快適にすごせるようにします。

日本はスキー場が多く、雪質がよいことなどから海外のスキーヤーなどに人気の高いスキー場もあります。スキー場スタッフの仕事は、リフトのチケット販売やリフトの乗降補助、スキーやスノーボードなどの用具の貸しだし、スキー場にある宿泊施設のロッジやカフェでの飲食サービスの提供、ゲレンデ内の整備など、さまざまです。日本スポーツ協会（ＪＳＰＯ）公認スキー・スノーボードコーチの資格などをもっていると、スキーやスノーボードのインストラクターの仕事もできます。また、ゲレンデの安全管理や救助活動をおこなうスキーパトロールは、全日本スキー連盟（ＳＡＪ）公認スキーパトロールなどの資格が必要です。スキー場スタッフになるには、スキー場を運営する会社に入ります。

この仕事への道

中学 → 高校・専門学校・大学など → スキー場運営会社 → **スキー場スタッフ**

杜氏
とうじ

探究心
リーダーシップ
チームワーク

日本酒づくりの最高責任者として、蔵人をまとめて、長年の知識と経験で、酒をつくりあげます。

▲杜氏の浦里知可良さん（左から2人目）が蒸した米に麹菌をふりかけ、それを蔵人が麹室にはこぶ。蔵人たちが力をあわせて酒づくりをしている。

どんな仕事かな？

日本酒は清酒ともいい、各地の酒蔵でつくられています。杜氏は日本酒づくりの最高責任者として、酒蔵ではたらく蔵人たちをまとめ、すべての製造工程にかかわり、めざす日本酒にしあげていきます。基本的に、杜氏はひとつの蔵に1人しかいません。

杜氏はどんな日本酒にするかを考え、そのために必要な原料や製造方法などの計画を立てます。麹菌や酵母菌などの微生物を相手にする仕事でもあり、イメージどおりにしあがるかどうかは、杜氏の知識と経験が大きく影響します。それだけに、日本酒づくりにおける杜氏の責任と役割はとても重要です。

酒蔵ごとに蔵の規模や酒づくりの設備などが大きくかわりますが、どの酒蔵でも杜氏が温度や発酵状態を管理するなど、酒づくりを指揮しています。杜氏は伝統産業をささえているという誇りをもち、酒蔵独自の酒を生みだしています。

2024年12月には、麹菌をつかって、日本酒、焼酎、泡盛などをつくる伝統的酒づくりの技術がユネスコの無形文化遺産に登録されました。

▲日本酒の原料となる酒米の品種のひとつ、「五百万石」の稲がみのる風景。酒米は酒造好適米ともよばれ、酒づくりに適した米のこと。
（写真提供：浦里知可良さん）

日本酒の原料は、米、麹（米麹）、水です。日本酒はこれらの原料を酵母菌や麹菌などの微生物によって発酵させる醸造酒という種類の酒です。原料をしこんだタンクの中では、麹菌によって米にふくまれるデンプンが糖に分解され、その糖を酵母菌が食べて、アルコールをつくります。

日本酒づくりは、「寒づくり」といって、秋から春先にかけての寒い時期に1年分の酒をまとめてつくるのが一般的です。

寒い時期につくる理由は、雑菌の繁殖がおさえられることや、秋に収穫した米をつかって日本酒をしこめることからです。

▲米の外側の部分は、苦味などの雑味となるので、けずって精米する。

▲種麹。種麹からまかれる麹菌は、カビの一種で、人のからだにいいはたらきをする。

▲酵母。液体のものもある。右上の写真は顕微鏡でみた酵母菌。酵母菌の大きさは5〜10μm（1μmは1mmの1000分の1の長さ）。

（上の4点の写真提供：浦里知可良さん）

日本酒づくりをみてみよう！

1 精米した米を水で洗い、水につけてから、「こしき」という大きな蒸し器をつかって、1時間ほどかけて蒸します。右上の写真は蒸しあがった米。外側がかたく、中がやわらかい麹づくりに適した状態になっています。

2 次は麹づくりです。麹は日本酒の味わいのもとになるので、もっとも大事な作業といわれています。蒸した米を32℃くらいまでさましたら、種麹をふるいにかけ、胞子（麹菌）が米粒すべてにつくようにかけていきます。

3 約30℃の麹室で、麹菌をかけた蒸し米をまぜながら米粒に麹菌をいきわたらせます。麹菌の増殖が進むと麹の温度が上がっていくので、温度や水分を調整しながら生育させます。2日たつと左上の写真のような麹ができます。

4 麹、水、蒸し米に酵母菌を加えて培養し、酒母をつくります。タンクに酒母を移し、麹、水、蒸し米を3回に分けて入れてしこみ、もろみをつくり、発酵させます。写真はタンクに蒸し米を入れ、櫂という道具でまぜているところ。

5 発酵を終えたもろみをしぼります（写真は槽しぼりという方法）。槽にもろみを入れた酒袋をかさね、重みでゆっくりとしぼっていきます。この作業で、もろみは、液体（日本酒）と固形物（酒かす）に分かれます。

6 酒の中にのこった米や麹などの細かい固形物をとりのぞき、酵母菌などの活動を止めるために火入れ（60℃くらいまで温度を上げる）などをしてから貯蔵します。出荷の時期がくると、びんにつめて、ラベルをはって出荷します。

（1の右の写真、5、6の写真提供：浦里知可良さん）

インタビュー 杜氏

浦里 知可良 さん
合資会社浦里酒造店

みえない微生物の力を借りてつくる

お酒はみんなで力をあわせてつくるもの。チームの雰囲気がお酒に出るので、チームの和をつくることがとてもたいせつです。最後まで妥協をしない酒づくりをしていきたいです。

こどものころに好きだったことは？

小学校1年生から高校3年生まで柔道をやっていました。1つのことをきわめるのが好きな性分だと思います。最後までやりきる、妥協しないでやることのたいせつさは、柔道から学びました。

▲蔵の説明をする浦里さん。蔵の中をステンレス製にしているのは、外から別の菌を入れず、掃除や温度管理がしやすいからという。◀タンクの上には検温の記録が書かれている。

この仕事をするきっかけは？

代々、実家が酒蔵をやっているので、6代目として跡をつぎました。もともと蔵元は経営をするだけで、酒づくり自体は杜氏さんにおまかせしていた蔵元が多かったのですが、平成のころから、「蔵元杜氏」という、蔵元が酒づくりの最高責任者もする流れが生まれました。修業先の社長のアドバイスで、私も蔵元杜氏をめざそうと思いました。

どんな修業をしましたか？

大学卒業後、5年ほどほかの蔵などで修業をしました。そのときは、「技術を全部身につけてやるぞ」という気持ちで酒づくりにとりくみました。その後、酒類総合研究所というお酒に関する国の研究機関でも勉強しました。蔵で、現場での酒づくりを知ったうえで、さらに科学的な面からの酒づくりを学ぶことができた経験は大きかったです。

もっと知ろう 酒林ってなに？

日本酒をつくっている酒蔵などの軒先につるしてある大きい玉のようなものを酒林といいます。杉の葉でつくられているので、杉玉ともよびます。酒林は新酒ができたことを知らせるためにつるすものです。
最初は緑色をしていますが、つるしているうちに、色がじょじょに茶色にかわるので、色の変化で日本酒の熟成ぐあいもわかります。

▲つるされたばかりの青々とした酒林。（写真提供：浦里知可良さん）

わたしのアイテム

▶しこんだタンクの中をまぜる道具の櫂（右の3本）。左の道具は検尺棒で、「さし」ともよばれる。目盛りがついていて、タンクに垂直に入れて容量をはかる。

◀茨城県にある浦里酒造店の前に立つ浦里さん。茨城県は関東地方でもっとも酒蔵が多い県。原料となる酒米、水、麹菌、酵母が全部そろう県はとても少なく、地元産にこだわった酒づくりをしている。

仕事をしていてうれしいことは？

自分がねらった酒質（酒の品質や特徴）をうまく表現できたときは、すごくうれしいです。いまは先人たちの記録など、勉強できる環境がととのっているので、多くの知識に加えて経験、職人としての感性で酒質を設計しています。そのお酒をお客さまから「おいしい」といってもらえることが酒づくりをしていていちばんうれしくて、はげみになります。

仕事をしていてたいへんなことは？

酒づくりは麹菌や酵母菌などのみえない微生物の力を借りておこなう仕事です。酒づくりをする半年間、微生物の状態をつねに把握しなければならないのはたいへんです。また、酒づくり期間中は、蔵にほかの菌をもちこまないようにヨーグルトや納豆などを食べないようにすることも、少したいへんです。

仕事でたいせつにしていることは？

杜氏として、いっしょにはたらく蔵人たちとのチームの和をたいせつにしています。お酒は1人ではつくれません。みんなで力をあわせてつくるものなので、チームの雰囲気がよいとおいしいお酒ができます。伝統を継承しつつ、よいお酒をつくるための新しい技術は積極的にとりいれて、それが次世代の伝統になればよいなと思っています。

今後やってみたいことは？

酒米づくりをしてみたいです。また、最近は来日した外国人のお客さまが和食とともに日本酒を楽しむ機会もふえていますが、フランス料理やイタリア料理などにも日本酒はあいます。こうした日本酒の魅力をもっと発信していきたいです。

杜氏になるには

杜氏になるための資格はないですが、大学や専門学校などで醸造について学び、酒蔵に就職し、経験を積んでからなるのが一般的です。また、杜氏組合に所属し、認定を受けることで杜氏になることができます。実務経験を積んでから国家資格である酒造技能士を取得すると、知識や技能の証明になります。

◀蒸しあがった米を放冷機に投入し、適温までさます。

これだけは伝えたい！

「発酵」に着目して調べてください

お酒を飲むことができるのは20歳からなので、みそやしょうゆなど、別の発酵食品に目をむけてみてください。みそやしょうゆは、日本酒と同じように麹をつかった発酵食品です。ワークショップなどでつくってみると、実際に発酵にふれることができて、すごくおもしろいと思います。「発酵」に着目して、いろいろと調べてみてください。

この仕事への道

中学 ⇒ 高校・専門学校・大学（農学、食物学、農芸化学など） → 酒蔵・杜氏組合 → 杜氏

道の駅スタッフ

体力
チームワーク
コミュニケーション

道の駅で、地元の特産品やお土産などを販売したり、郷土料理や観光情報などを提供したりします。

▲山梨県富士吉田市にある道の駅富士吉田とスタッフの渡邊信さん。道の駅富士吉田は、富士山の山すそにあり、多くの観光客がおとずれる。

どんな仕事かな？

道の駅は、国土交通省に申請して登録される一般道に設置された休憩施設です。無料で駐車場やトイレを利用できる休憩機能、道路情報や地域の観光情報などを提供する情報発信機能、地域の食の提供や特産品の販売などをする地域連携機能があります。

道の駅スタッフの仕事は、施設内で担当を決めておこなっています。観光案内所では、その地域の観光地やイベントなどの紹介、観光地までの行き方の案内、特産品の紹介などをします。直売所や売店では、地元で生産した野菜や果物、地元の企業などがつくったパンや和洋菓子、総菜、酒、工芸品や雑貨、お土産などを販売します。施設内に併設している食堂などでは、地元の食材を中心につかった食事を提供します。ほかにも施設内の清掃、駐車場の管理、道の駅や地元で開催するイベントの企画などの仕事もあります。道の駅をおとずれる人に地元の商品を購入してもらい、食事を楽しんでもらうことで、その地域のPRにつながり、地域の活性化に貢献できる仕事といえます。

▲道の駅富士吉田の中にある観光案内所。地域の観光地、イベント、郷土料理や特産品などのパンフレットがおかれ、情報を発信している。

インタビュー

道の駅は特産品のアンテナショップ

**地元の人や観光客など、道の駅をおとずれる
いろいろな人と交流しながら仕事をしています。**

渡邊 信 さん
一般財団法人ふじよしだ観光振興サービス

この仕事をするきっかけは？

大学生のときにアルバイトとしてはたらきはじめたのがきっかけです。仕事になれるまでは、少したいへんでした。いまは、物産コーナーでレジや品出し、地元の業者の方との打ちあわせ、軽食コーナーで調理などの仕事をしています。

▲地域限定カレーを陳列する棚に商品の補充をおこなう渡邊さん。

これだけは伝えたい！

直接人と話すことで得られる情報もある

仕事で地元の業者の方や商品を出品する方と話すことが多く、季節の農産物や地域で人気のある商品など、知らなかった情報を教えてもらっています。いまはSNSなどで会話をすることも多いですが、直接会って話をしないと得られない情報もありますし、気持ちもいちばん伝わると思います。

うれしいこと、たいへんなことは？

道の駅によくこられるお客さまから声をかけられたり、商品を購入したお客さまから「おいしかった！」など、感想の電話をいただいたりするとうれしいです。たまに県外のイベントで、郷土料理の吉田うどんを提供する仕事があります。なれない土地で調理して販売するのはたいへんですが、お客さんによろこんでもらえることもうれしいです。

◀郷土料理の吉田うどんのだしをつくっているところ。

仕事で心がけていることは？

道の駅は特産品のアンテナショップでもあります。とくに県外からのお客さまには、地元にしかない商品や、おすすめしたい商品などがたくさんあります。少しでも地域に興味をもってもらえるような対応を心がけています。

道の駅スタッフになるには

道の駅は主に市町村が設置し、国土交通省が登録します。道の駅を運営する市町村、第三セクター、財団法人、民間企業などに就職します。

この仕事への道

| 中学 | 高校・専門学校・大学など | 道の駅を運営する自治体や民間企業など | 道の駅スタッフ |

観光農園スタッフ

自然が好き
チームワーク
コミュニケーション

農園で果物や野菜を栽培し、観光客に収穫体験を楽しんでもらったり、直売所で販売したりします。

▲◀ぶどう（シャインマスカット）の生育を確認する山添智昭さん（上）。食べごろになったら、ぶどう狩りに使用したり、収穫して直売所で販売したりする。たわわにみのったシャインマスカット（左）。

どんな仕事かな？

　観光農園とは、観光客が主に果物や野菜の収穫などを体験できる農園のことです。果物狩りが一般的で、冬から春にかけてはいちご狩り、夏から秋にかけてはぶどう狩りやなし狩りなど、いろいろな種類があります。観光農園では栽培した果物などを収穫して、その場で売る直売所の運営もしています。

　観光客が果物狩りなどでおとずれる開園期間の仕事は、予約の受付や管理、収穫方法の説明、収穫道具などの貸しだしなど、観光客に収穫体験を楽しんでもらうための接客が中心です。観光客が帰ったあとは、農園内の清掃や道具類のあとかたづけなどをおこない、翌日の準備をします。

　開園期間以外は、農作業が中心です。果物栽培の場合、苗や木に水や肥料をやったり、花が咲いたら受粉作業をしたり、実の間引きをしてのこりの実が大きく育つようにしたり、害虫から守るために実に袋がけをしたりして大事に育てます。そして、収穫の時期になると開園して、観光客をむかえます。

▶今年のびたぶどうの枝を棚にテープで固定しているところ（誘引作業）。生育をうながすため、日光がよくあたり、風通しのよい位置に固定する。

24

インタビュー

栽培も販売も楽しめるのが魅力

山添 智昭 さん
宮信観光ぶどう園

もともと別の仕事をしていましたが、農業に挑戦し、観光農園で、いま、とてもやりがいを感じています。

この仕事をするきっかけは？

3年前までデータ分析やITの構築などの仕事をしていました。人生1回しかないので別のことをしてみたいということもあって、農業に挑戦しようと思いました。たまたま後継者がいなくて閉園する予定だったこの園の園主からお声がけいただき、3年間スタッフとして研修してきましたが、これからは代表として園の運営にたずさわります。

わたしのアイテム

▲右と左のはさみは、収穫やせんてい作業などでつかう。まん中の道具は「テープナー」とよばれ、誘引作業（→24ページ右下写真）でつかう。

これだけは伝えたい！

いろいろなことを経験してください！

いろいろなことを経験してほしいです。経験していく中で、自分にあう仕事をえらぶのがいちばんいいと思います。農業は、作業などがつらいイメージがあるかもしれませんが、果物などを育てるプロセスも楽しいですし、ゼロからつくるやりがいのある仕事だと思います。

うれしいこと、たいへんなことは？

ぶどうとなしの栽培をしているのですが、苗木から育てて、実がなっているのをみると、とても感慨深いです。つくったものをじかにお客さまに届けられるし、おいしかったなどの評価も直接いただけるので、非常にやりがいのある仕事だと思います。

自然が相手の仕事なので、自分でコントロールできないところがたいへんかもしれませんが、その分おもしろみもあります。

▶広い農園内を軽トラックで移動するようす。

仕事でたいせつにしていることは？

はたらくということは、全部相手があることなので、自然もそうですし、お客さまや仕事仲間にもちゃんとむきあって、みんながよろこべるような結果になることを意識しています。

観光農園スタッフになるには

資格は問われません。高校や専門学校、大学などで農業に関する基礎知識を学び、栽培農家や観光農園で実務経験を積んでいくことが一般的です。

この仕事への道

中学・高校・専門学校・大学など → 栽培農家・観光農園 → 観光農園スタッフ

リゾートホテルスタッフ

自然が好き
コミュニケーション
チームワーク

リゾートホテルで、お客さんが日常からはなれて休暇を楽しめるようにサービスを提供します。

▲リゾートホテルに滞在するお客さんにフルーツやデザートなどをはこぶ三戸優希也さん。

どんな仕事かな？

リゾートホテルは、美しい海や山などの自然環境にめぐまれた観光地や保養地にあるホテルです。お客さんは日常の生活からはなれ、ホテルでくつろいだり、近くで遊んだりしてリフレッシュすることを目的におとずれます。ホテルの中だけでも楽しい時間をすごせるように、プールや温泉、ゲーム場などの施設があるところも多いです。

このようなホテルで、お客さんの気分をやわらげ、憩いのひとときを演出してサービスを提供するのが、リゾートホテルスタッフです。リゾートホテルスタッフの仕事は、宿泊や退室の手続きをするフロントスタッフ、部屋をととのえる客室スタッフ、レストランなどで料理や飲み物を提供するスタッフ、厨房で調理をするスタッフ、ホテル内の施設を管理・運営するスタッフなど、さまざまです。

リゾートホテルには、国内をはじめ海外からも多くのお客さんがおとずれます。日常的な空間とはことなる環境を心ゆくまで楽しんでもらうための気配りをつねに心がけています。

▲三戸さんがはたらくリゾートホテル。お客さんは、近くのビーチや併設されたプールなどで遊ぶことができる。

インタビュー

心にのこるリゾート滞在を演出したい

三戸 優希也 さん
ザ・ブセナテラス

滞在するお客さまに心地よいサービスを提供して、笑顔にすることが、仕事のやりがいです。

🎤 どんな仕事をしているのですか？

ルームサービスとメインダイニングの仕事をしています。ルームサービスは、お客さまが注文されたお料理を宿泊されているお部屋までお届けする仕事です。メインダイニングは、ホテルの中でもいちばん格式の高いレストランで、お客さまへの料理の提供に加え、メニューの説明や、その料理にあう飲み物などのご提案をします。

わたしのアイテム

▲ソムリエナイフ。お客さまにワインをサービスする際、コルク栓をぬく。

◀PHS。ルームサービスの注文を受ける部署との連絡などでつかう。

◀トーション。腕にかけて、料理やワインのサービスをするときにつかう。熱い皿をもったり、水分をふいたりするときに便利。

これだけは伝えたい！

対話やアドリブがたいせつ

お客さまとの会話や事前情報からお客さまが求めていることを的確にとらえ、心地よいサービスを提供しています。この仕事をするためには、対話やアドリブなどのコミュニケーション力がたいせつなので、学生のうちから、みがいておくとよいと思います。

🎤 仕事をしていてうれしいことは？

以前に当ホテルをご利用になったお客さまが私の顔と名前をおぼえていてくださり、「会いたかった！」といわれたときは、ほんとうにうれしいと感じました。

◀テーブルに、お客さんの食事を準備しているようす。腕にトーションをかけている。

🎤 仕事のやりがい、魅力は？

お客さまを笑顔にすることが、何よりのやりがいです。快適にすごせるように、お手伝いをして感謝されると、次の仕事へのはげみになります。この仕事の魅力は、海外からのお客さまもいらっしゃるので、非日常的な空間で、さまざまな国籍の方と出あえることです。

リゾートホテルスタッフになるには

接客に関する仕事はホテルの接客の知識や技術を学べる専門学校、調理の仕事は調理系の専門学校などで学んでから就職することが多いです。

この仕事への道

中学 → 高校・専門学校・大学など → リゾートホテル → リゾートホテルスタッフ

(26〜27ページの写真提供：ザ・テラスホテルズ株式会社)

日本政府観光局スタッフ

コミュニケーション / 探究心 / チームワーク

日本の文化や観光地を海外に発信し、多くの外国人に日本をおとずれてもらいます。

訪日観光客がふえるように、海外で日本の観光情報を発信するイベントをおこなう日本政府観光局スタッフ。

日本政府観光局（JNTO）は、海外からの旅行者を日本によびこむための公的な専門機関です。正式名称を国際観光振興機構といい、世界26都市に海外事務所があります。主な仕事は、海外の旅行会社に日本ツアーの企画の提供やアドバイスをおこなうほか、各種国際会議の誘致や開催支援、インバウンドを推進するうえで日本の魅力を海外に発信するなど、日本のブランド力の向上につとめています。

日本政府観光局にスタッフとして入局するためには語学力があると望ましく、英語あるいは海外事務所所在国の言語（とくに中国語、スペイン語）の能力のある人が歓迎されています。

この仕事への道

中学 → 高校 → 大学など → 日本政府観光局 → 日本政府観光局スタッフ

ツアープランナー

コミュニケーション / 探究心 / 地道にこつこつ

お客さんに満足してもらえる魅力的なツアーを企画し、提案する仕事です。

お客さんから旅行の目的や希望、予算などを聞き、楽しんでもらえる旅行の企画を考えていく。

ツアープランナーは、旅行会社などで、多くの人にとって魅力的な各種ツアーの企画を立てて提案する仕事です。具体的には、人気の観光地や季節のイベントなどを考えて旅行先をえらび、施設見学、食事、買い物などをふくめて、まわるコースを考え、宿泊先、交通手段、費用などの企画内容を決めて、インターネットなどでツアーを販売します。個別でお客さんの相談に乗り、その人にあうツアーを企画することもあります。流行や年代ごとの好みなどを分析し、ツアーを企画することが大事です。旅行会社などに入社し、旅行業務経験を積み、企画部門に配属されてなるのが一般的です。

この仕事への道

中学 → 高校・専門学校（観光）・大学など → 旅行会社 → ツアープランナー

真珠加工技術者

手先の器用さ / アートセンス / 地道にこつこつ

真珠を選別し、指輪などの宝飾品に加工します。

真珠は、アコヤガイなどが核になるものを貝殻成分でおおうことによってできる、美しくつやのある宝石の一種で、海などで養殖されています。

真珠をネックレスや指輪などの宝飾品に加工するのが真珠加工技術者です。真珠は、形、色、大きさなどで選別し、表面をといでみがき、つやをだします。そして、アクセサリーの用途に応じて、必要な位置に穴をあけ、糸を通したり、金具をとりつけたりしていきます。ネックレスなどは、糸でいくつもの真珠をつなげてつくるので、ひとつひとつていねいにみてしあげます。

日本の真珠は、高い品質とすぐれた加工技術で世界的に評価されていて、訪日した外国人観光客からも人気です。

この仕事への道

中学 → 高校・専門学校・大学など → 真珠加工会社・真珠養殖会社 → **真珠加工技術者**

土産物店店員

コミュニケーション / チームワーク / 地道にこつこつ

観光地でお客さんにお土産などを販売します。

土産物店店員は、観光地などの売店で、さまざまなお菓子や伝統工芸品といったお土産の販売や、品出しなどをするのが主な仕事です。お土産はお菓子などをはじめ、地元の特産品や地域限定品など、かぎられたエリアで販売されているものも多く、お客さんからどんな内容かを聞かれることもあるので、売り物についての商品知識は欠かせません。

仕事は、品出しや棚の整理からはじめて、商品のことをよく知ってから、お客さんへの商品案内や、レジでの会計をおこなうことが多いです。

とくに外国人に人気の高い観光地の土産物店には、たくさんの外国人観光客も来店するので、商品説明や質問への対応など、英語などの語学を生かせる職場といえます。

この仕事への道

中学 → 高校・専門学校・大学など → 土産物店 → **土産物店店員**

扇子職人

アートセンス / 手先の器用さ / 地道にこつこつ

竹や和紙をつかい、古来の手法で扇子をつくります。

日本に古くから伝わる扇子は、涼をとる道具としてだけでなく、儀式や芸能などの場で、それぞれの目的や分野に応じた扇子がつかわれてきました。

扇子は、種類によってつくり方がことなり、工程ごとに分業してつくる場合と、全工程を職人1人でつくる場合があります。一般的なつくり方は、竹を加工して扇骨（扇子の骨）をつくります。そして、和紙などを加工して扇骨にはる地紙をつくり、絵つけなどの装飾をして折ります。最後に、地紙の中に扇骨をさしこみ、のりではります。扇子職人は、受けつがれた製法や技を守りつつ、時代や流行にあった扇子づくりもしています。繊細な技術と深い知識が必要な仕事なので、扇子製造会社や工房に弟子入りをして、経験を積んでなることが多いです。

この仕事への道

中学・高校・専門学校・大学（工芸）など → 扇子製造会社・工房など → **扇子職人**

寿司職人

探究心
チームワーク
コミュニケーション

お客さんからの注文を受けて、新鮮な寿司ネタをつかって、あざやかな手さばきで寿司をにぎります。

▲カウンターのケースからネタをだし、手ぎわよく寿司をにぎる加藤晏梨さん（上）。皿にのったシマアジの寿司（右）。

どんな仕事かな？

　寿司の歴史は古く、いま寿司店でよく食べられているにぎり寿司の形になったのは、諸説ありますが江戸時代後期の文政年間（1818年～1830年）からという説が有力です。寿司には、にぎり寿司のほか、巻き寿司、押し寿司、ちらし寿司、いなり寿司などたくさんの種類があります。

　寿司職人の主な仕事は、寿司店でお客さんの注文に応じて、さまざまな寿司をつくり、提供することです。お客さんからの注文を受けると、寿司職人はカウンター内に設置された「ネタケース」とよばれる冷蔵ケースなどから寿司ネタ（具材）をとりだします。そして、シャリ（酢飯）を一口サイズほど片手にもち、ネタとあわせて米粒をつぶさないように、すばやく繊細な手つきでにぎります。食べたときに、口の中でほろりとシャリがくずれる絶妙なかげんでにぎられた寿司は職人技を感じさせます。また、寿司をにぎるだけでなく、お客さんに対するこまやかな気配りやコミュニケーションなど、接客も大事な仕事です。

▶色とりどりの寿司ネタ。寿司ネタは、カウンター内に設置されたネタケースや冷蔵庫などに保管し、鮮度をたもっている。

寿司職人の仕事は、しこみ（材料の下ごしらえ）からはじまります。厳選した米をたき、それに酢、砂糖、塩をまぜて、シャリをつくります。シャリとともに欠かせないのが、ネタづくりです。ネタにするのは、えらびぬいた新鮮な魚や貝、エビ、イカなどの魚介類です。アジなどの魚は、おろして皮をひき、小骨をとって、身を一口サイズに切ります。魚の種類によっては、生ぐささをとるために湯引き（熱湯をかけてすぐに氷水で冷やすこと）をしたり、塩をふって酢でしめたりします。タコやエビをゆでる、アナゴを煮るなどの下準備もあります。

　たまご焼きは、たまご焼き専用フライパンで焼きます。ふっくらと焼きあげたたまご焼きは、食べやすい大きさに切りわけます。そのほか、魚のしこみでのこった頭や中骨などの「あら」とよばれる部分をつかって、あら汁などをつくります。

　以前は、寿司店には気軽に入りにくい高級なイメージがありました。1958年に大阪で回転寿司が登場すると、安くて早く食べられることから大盛況となります。1970年ころから全国的に知られるようになりました。現在の回転寿司は、主に機械でシャリをにぎり、ネタをのせ、客席までベルトコンベアで寿司皿をはこぶ、自動システムをとりいれている店もあります。一方で、回転寿司でも高い技術をもった寿司職人が手でにぎり、にぎりたてのおいしい寿司をお客さんに提供する店もあります。

　寿司は世界的にも人気があり、海外で活躍する寿司職人や女性の寿司職人もふえています。

寿司のネタづくりをみてみよう！

シマアジのネタづくり

1 生きのいいシマアジをおろして、寿司ネタにしていきます。うろこは、あらかじめ落としておきます。

2 頭を切りおとし、内臓と血合いをとりのぞきます。そして、しっかりと水で洗って、水気をとっておきます。

3 身を3枚におろします。背に包丁を入れ、中骨にそって包丁を動かしながらおろします。反対側も同じようにおろし、中骨をとりのぞきます。

4 半身にのこった腹骨を包丁で切ってとりのぞきます。

5 身の尾の部分のつけ根をおさえて、包丁の先を皮と身のあいだにすべりこませて、包丁の腹をまな板にあてながら皮をひきます。

6 骨や皮をとった状態になったら、包丁でていねいに寿司ネタに切りつけします。

寿司職人

インタビュー

加藤 晏梨 さん
株式会社銚子丸

心をこめたにぎりでお客さまに笑顔を

就職するまで、魚をさわったこともありませんでした。
いまでは何でもできるようになりましたが、
初心をわすれずに日々努力しています。

こどものころに好きだったことは？

バスケットボールが大好きで、中学生のころはバスケットボール部に入り、部活動に打ちこんでいました。いまでも体力には自信があります。学校の勉強では、体育と家庭科が好きでした。とくに家庭科では手芸が得意で、集中して黙々と細かい作業をやることがとても好きでした。

◀魚の「あら」をつかって、あら汁をつくっているところ。魚をあますところなくつかいきれるだけでなく、「あら」からうまみが出るので、おいしい汁物ができる。

どんな仕事をしているのですか？

私の職場では、お客さまによろこんでいただきたいという思いから、店舗を劇場にみたて、スタッフを劇団員とよんでいます。私は、いま座長（副店長）としてスタッフをまとめる仕事をしています。しこみをしたり、お寿司をにぎったりするだけでなく、接客、スタッフの教育や管理、1日の売り上げの計画や、おすすめメニューの考案などもしています。

この仕事をするきっかけは？

最初はアルバイトからはじめました。当時の店長が、接客やにぎりの技術が一流なうえ、何よりもいつもまわりを気にかけ、こまっているときには助けを求める前にきてくださる方で、人としても尊敬していました。その店長にあこがれて、店長を目標に寿司職人の道をえらびました。

もっと知ろう　寿司業界の専門用語

酢飯を「シャリ」というのは、仏教用語でお釈迦様の遺骨をあらわす「仏舎利」に白い米粒やご飯が似ていることが由来とされます。具材を「ネタ」というのは、寿司種が語源で、種を逆から読んでネタになりました。ほかにも、「ナミダ」（わさびのこと。からくて涙が出るから。サビともいう）、「ガリ」（しょうがのこと。食感がガリガリしているから）など、寿司業界にはいろいろな専門用語があります。

わたしのアイテム

▲仕事で愛用している包丁。上から出刃包丁、牛刀、柳刃包丁。魚をさばいたり、寿司ネタを切りつけるときにつかっている。
（写真提供：株式会社銚子丸）

仕事をしていてうれしいことは？

　にぎったお寿司をお客さまによろこんでもらえることです。それから、オリジナルメニューを考案してお客さまに提供することがあるのですが、私が考案したメニューが好評だったときも、とてもうれしかったです。最近は、たずねてくださる常連のお客さまもふえてきて、「あなたの笑顔がみたいから、また食べにくるね」ということばをいただくこともあります。そのようなときには、ほんとうに幸せな気持ちになります。

▲▶たまご焼きは、たまごとだし汁をまぜあわせたたまご液をたまご焼き専用フライパンに少しずつくりかえし流しこみ、大きく焼きあげる（上）。サーモンの寿司をあぶり、焼き目をつけているところ（右）。

これだけは伝えたい！

努力は自分に返ってくる

　就職するまで、魚をまったくさわったことがなく、会社に入ってから魚をおろすことにはじめて挑戦しました。努力をかさねてできるようになったときには、とてもうれしかったです。努力は必ず自分に返ってくると思います。今後も初心をわすれずに、にぎりの技術、接客力や指導力を向上できるように日々努力していきたいです。

▲おいしい寿司をにぎるだけでなく、お客さまが心地よくすごせるような接客を心がけている。

 ## 仕事をしていてたいへんなことは？

　魚をさばくことは力仕事なので、はじめのころは苦戦しました。でも、上司のやり方をみて質問したり、何回も自分でやってみたりする中で、技術を習得し、いまでは何でもできるようになりました。

 ## 仕事でたいせつにしていることは？

　スタッフとのコミュニケーションをたいせつにしています。お店の雰囲気がよくないと、お客さまにすぐに伝わります。お客さまに心からお食事を楽しんでもらうために雰囲気づくりはとても大事です。

 ## この仕事の魅力は？

　お客さまによろこんでいただくために、スタッフ一同が団結し、チームワーク力を発揮できるところです。お客さまが味や接客、雰囲気に満足して笑顔で帰ってくださるとき、大きな充実感があります。

寿司職人になるには

　調理師専門学校で学んだり、寿司店などで見習いとして経験を積んだりして、一人前の寿司職人になるのが一般的です。資格は問われませんが、調理師、専門調理師、調理技能士などの資格があると就職に有利です。

この仕事への道

中学・高校・調理師専門学校・大学など	寿司店・和食店	寿司職人

パティシエ

手先の器用さ
アートセンス
体力

おいしくて、みた目も美しいさまざまな種類の洋菓子をつくりだし、食べる人を幸せにします。

▲ケーキづくりの最後の工程のかざりつけをしている山口由貴さん。細かい作業のため、集中力を必要とする。

どんな仕事かな？

パティシエとは、洋菓子をつくる職人をさすフランス語です。洋菓子には、ケーキやシュークリーム、マカロン、タルト、クッキーなど、いろいろな種類があります。

洋菓子の主な材料は、小麦粉、卵、バター、砂糖です。パティシエは、これらの材料の分量を正確にはかり、まぜ方や焼き方などの技法をかえ、多種多彩な洋菓子をつくりだします。その日の気温や湿度がしあがりぐあいに影響をあたえるので、経験でつちかった熟練した技術が必要

◀クッキーをつくるために、生地をすばやく型でぬいているところ。

▶ショーケースにならぶ宝石のようなケーキ。

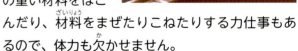

です。小麦粉などの重い材料をはこんだり、材料をまぜたりこねたりする力仕事もあるので、体力も欠かせません。

洋菓子は味だけではなく、お客さんをひきつけるみた目の美しさも重要なので、かざりつけなどのこまやかな作業ができることや、美的センスも求められます。また、新商品の開発では、季節感や流行などをとりいれたオリジナル商品など、試作をかさねて新商品をつくりあげる創造力や忍耐力も必要です。

パティシエの職場は、洋菓子店やレストラン、ホテル、お菓子メーカーなど、幅広くあります。

インタビュー

お菓子でみんなを笑顔にしたい

山口 由貴さん
UN GRAIN（アン グラン）

自分がつくったケーキで、だれかをよろこばせたい。
その思いで、大好きなお菓子づくりにはげんでいます。

この仕事をするきっかけは？

かよっていた保育園の近くにケーキ屋さんがあって、誕生日やちょっとしたことがあると、帰りに父と寄っていました。そのお店のショーケースごしにはたらいている人がみえるのですが、キラキラ輝いていて、すごくかっこよかったです。その姿にあこがれて、やってみたいと思いました。

進路で保育士と迷った時期もありましたが、やっぱりケーキがつくりたいと思いました。

うれしいこと、心がけていることは？

お客さまがわざわざお店まで足をはこんで、自分がつくったケーキやお菓子を買いもとめにきてくださることがいちばんうれしいです。心がけているのは、お客さまにいつも感謝の気持ちをわすれないことです。また、仕事を効率的に進め、時間内に終わらせます。仕事が終わったあとは、試作やコンクールの準備など、有意義にすごしています。

この仕事の魅力は？

自分がつくったものでだれかを笑顔にできることがいちばんの魅力です。だれかをよろこばせたいという気持ちがある人に、とてもむいている仕事だと思います。

わたしのアイテム

▶ナイフ（左）とパレットナイフ2種。ナイフはフルーツなどのカットに、パレットナイフはケーキにクリームをぬったり、生地を成形したりするときにつかう。

▲山口さんが考案したケーキ。通勤中の電車内や歩いているときにアイデアがひらめくという。

パティシエになるには

資格は問われませんが、製菓や調理などの専門学校で基礎知識や技術を学んでからなる人が多いです。国家資格の製菓衛生師や菓子製造技能士の資格があると、技術や知識の証明になります。

この仕事への道

中学・高校・専門学校・大学など → 洋菓子店・レストラン・ホテルなど → パティシエ

これだけは伝えたい！

あきらめずに挑戦してください！

パティシエの仕事に興味があったら、挑戦してほしいです。私は、小さいころはそれほどケーキをつくっていませんでしたが、あこがれていたパティシエになり、日々新しい発見や学びがあり、仕事が楽しくてしかたがないです。いつか皆さんといっしょに仕事がしたいです。

板前
いたまえ

体力
アートセンス
コミュニケーション

旬の食材をつかって、素材の持ち味を生かした、目からも楽しめるおいしい日本料理を提供します。

▲アマダイをさばく板長の齋藤あつみさん。魚の種類や調理法によって、さばき方をこまやかにかえる（上）。店内でのしこみのようす（左）。

どんな仕事かな？

　板前とは、日本料理をつくる人のことです。板前の「板」はまな板のことで、まな板の前に立つ人という意味です。

　日本料理は和食ともいい、味だけでなく目からも楽しめる総合芸術といわれています。板前は旬の新鮮な魚介や野菜をつかい、素材の持ち味を生かして調理します。器えらびも気をくばり、花や葉などで料理をかざるなど、もりつけにもくふうをこらし、季節を感じさせる美しい料理をつくります。

　板前は、雑用をする追いまわしから修業をはじめ、もりつけをする八寸場、焼き物を担当する焼き場、揚げ物を担当する揚げ場をへて、店の味のかなめとなる蒸し場、煮方になり、最後は刺し身などを担当する板場になることが多いです。店の料理を統括するのが板長です。板前は調理技術だけでなく、食材や器などの知識も必要で、日本文化を伝えるという役割もになっています。一人前の板前になるには10年かかるといわれますが、その分、やりがいも大きく、誇りをもって仕事にはげんでいます。

◀▼料理のもりつけをするようす（左）。季節を表現した料理。料理にはもみじや短歌がそえられている（右）。

インタビュー

齋藤 あつみ さん
銀座「つるとかめ」

短歌とともに和食の心も伝えたい

お客さまとは一期一会。思いをこめた料理とことばで
お客さまを幸せにしたいです。

この仕事をするきっかけは？

両親が板前や飲食の仕事をしていて、共働きで夜いないことが多かったので、小さいころからきょうだいで夜ご飯をつくっていました。そういった環境もあり、ずっと料理にたずさわってきたので、自然な気持ちでこの仕事をしたいと思いました。

わたしのアイテム

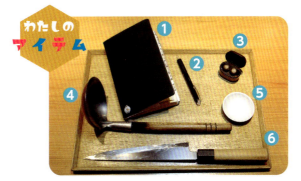

▲❶手帳、❷ペン、❸イヤホン、❹お玉、❺だしの味をみる小皿、❻包丁。イヤホンは、仕事をはじめる前や終えたあとなど、集中したいときに好きな音楽をきく。

これだけは伝えたい！

和を学び、和を伝える仕事

いま、和食の世界では、はたらきたいという人がへっていて、人手が不足しています。和食は、ユネスコ無形文化遺産に登録され、世界からも注目されています。和を学び、和を伝える仕事は、日本人としての誇りにもつながると思います。とてもおもしろくて楽しい世界なので、この仕事に少しでも興味や関心をもってくれたらうれしいです。

うれしいこと、たいへんなことは？

カウンターに立つ仕事の場合、近くでお客さまのよろこびの声を聞けることがうれしいです。料理に思いをこめた自作の俳句や短歌をそえているのですが、そこからお客さまと会話がはずむこともあります。

仕事をはじめたころは、上下関係のきびしさや労働時間の長さがたいへんだと思いました。いまは教える立場ですが、あきずに楽しく学んでもらうなど、教え方やはたらき方にくふうをほどこしています。

▲料理を提供しているようす。お客さんをもてなす会話など、料理以外の心配りもたいせつ。

仕事で心がけていることは？

当店では、1か月のメニューが決まると、同じことをくりかえす仕事です。しかし、きてくださるお客さまとは一期一会。惰性で仕事をするのではなく、日々、向上心をもち、新しい気持ちで仕事にむきあうようにしています。そのほうが何十年かたったときに、自分も成長できていると思います。

板前になるには

資格は問われません。調理師専門学校などで調理師免許を取得してから就職する場合と、はたらきながら調理師免許を取得する場合があります。

この仕事への道

中学・高校・調理師専門学校・大学など → 料亭・割烹・旅館・ホテルなど → 板前

うどん職人

体力
探究心
手先の器用さ

小麦粉、塩、水という3つの材料をつかって、熟練の技でうどんを打ち、お客さんに提供します。

▲ゆであがったうどんを「たも」（→39ページ左写真❶）ですくう西田良平さん。うどんをゆでるときは、麺の状態をみながら、火力やゆで時間などに気をくばる。

どんな仕事かな？

うどん職人は、うどんをつくり、お客さんに提供する仕事です。うどんの材料は小麦粉、塩、水だけですが、おいしいうどんをつくるために気温や湿度によって量を微調整する必要があります。

うどんのつくり方は、まず材料をしっかりとまぜて、生地をつくります。この生地をビニール袋などに入れて、数時間寝かせたのち、力を加えて生地をきたえることで、うどんにコシ（弾力）をだします。次に麺をつくります。麺づくりは、手打ちでおこなう場合と機械打ちの場合があります。手打ちの場合は、生地をうすく均等な厚さにのばしたら、麺の太さを考えて包丁で切っていきます。機械打ちの場合は、製麺機に生地を入れて、状況を細かく確認しながら、麺のしあがりを管理します。いずれの場合もうどん職人は、麺づくりへの深い知識と高い技術をもち、お客さんにおいしいうどんを提供する努力と品質の追求をしています。お客さんから注文が入ると、麺をゆで、注文にあわせてあたたかいうどんや冷たいうどんを適切にもりつけ、美しく提供します。

▶かまあげうどんをつくっているところ。うどんかき（→39ページ左写真❷）をつかって、ゆでたてのうどんを手ばやく器のおけに入れる。

38

インタビュー

うどんづくりの技を未来につなぎたい

西田 良平さん
丸亀製麺 麺職人

調理は言語に関係なく、必要とされつづける仕事です。自分でつくるだけでなく、技術も伝えていきたいです。

🎤 この仕事をするきっかけは？

もともと食に興味があり、大学生のときに飲食店でアルバイトをしていました。お客さまに提供して、「おいしい！」といってもらえたことがうれしかったです。調理は言語に関係なく、人に必要とされつづける仕事なので、この仕事をはじめました。

わたしのアイテム

▲ ❶たも。うどんをすくう道具。うどんを傷つけないように、網はやわらかい素材でできている。❷うどんかき。たもの中のうどんをすくう道具。❸ひしゃく。かまあげうどんのお湯などをすくう。❹おけ。かまあげうどんを入れる器。

これだけは伝えたい！

心をこめると味がかわる

おいしくしたい、だれかに食べてもらいたいという気持ちがないと、おいしいものはつくれません。心をこめてつくると、ほんとうに味がちがってきます。何かをつくるときには、心をこめてつくることがたいせつです。

🎤 うれしいこと、たいへんなことは？

仕事仲間と協力しあって仕事をして、お客さまから「楽しそうでいいね」とか「おいしかったよ」と声をかけてもらえるのが、いちばんうれしいです。うどんづくりの工程が多くてたいへんですが、おいしさの強みでもあるので、がんばっています。

▶寝かせたうどんの生地をうすくのばしていく。

🎤 仕事のやりがいは？

自分がおいしいと思うつくり方を人に教えて、その人がおいしいうどんを打てたときに、大きなよろこびを感じます。さらに、その人がつくったものをお客さまによろこんでもらえたとき、教えた技術がしっかりと受けつがれ、次の世代へとつながったと実感できます。

うどん職人になるには

資格は問われません。調理師専門学校で学んでからうどん店に入り、うどん職人として経験を積む人もいます。

この仕事への道

| 中学・高校・専門学校（調理）・大学など | → | うどん店 | → | うどん職人 |

和菓子職人

アートセンス
体力
地道にこつこつ

四季を表現し、みた目にも美しい和菓子をひとつひとつていねいに手づくりします。

厳選した素材で、季節感をたいせつにした和菓子をつくる。和菓子は、年中行事とむすびつくものも多い。

和菓子は日本の伝統的なお菓子で、さくらやもみじなどをかたどった生菓子、ようかんなどの半生菓子、せんべいなどの干菓子があります。和菓子職人は、上新粉や小麦粉、砂糖、小豆などの材料を中心に、梅やよもぎ、かきやくりなど、四季おりおりの材料を用いて、ねる、蒸す、焼く、つつむなどのさまざまな技法をつかい、おいしい和菓子をつくるのが仕事です。とくに生菓子はみた目も美しく、日本の四季を感じることができることから外国人観光客にも人気です。和菓子職人になるには、製菓専門学校などで和菓子づくりの基礎を学び、和菓子店に就職するのが一般的です。

この仕事への道

中学・高校・専門学校（製菓など）・大学など → 和菓子店 → 和菓子職人

ラーメン店店主

コミュニケーション
地道にこつこつ
探究心

スープや麺にこだわり、お客さんにおいしいラーメンを提供します。

おいしいラーメンを研究してつくるだけでなく、接客もラーメン店店主にとってたいせつな仕事。

ラーメン店店主は、お客さんにラーメンを提供するほか、店の運営をおこないます。

ラーメン店には、独学または人から教わってラーメンづくりの技術を学び、自分で出資して店をかまえる独立型か、フランチャイズに加盟して決められたメニューや味つけでお客さんに提供するフランチャイズ型があります。とくに独立型は、ラーメンのスープや麺、具材などすべて自分の力で研究するので、オリジナルの味を追求したい人にはむいています。フランチャイズでも、ある程度の経験や知識が求められる場合があります。食べ物をあつかうので、食品衛生責任者の資格が必要です。

この仕事への道

中学・高校・専門学校（調理系）・大学など → ラーメン店 → ラーメン店店主

製茶工

自然が好き / 探究心 / 地道にこつこつ

原料の茶葉からおいしいお茶をつくります。

　製茶工は、原料の茶葉から製品となるお茶をつくるのが仕事です。お茶の原料はチャノキというツバキ科の常緑樹の葉で、同じ原料から製造工程のちがいによって緑茶、紅茶、ウーロン茶などになります。日本で生産されているお茶の大半は緑茶で、なかでも多いのが煎茶です。煎茶の場合、製茶工はつみとった茶葉を蒸し、蒸した茶葉をもんで形をととのえ、乾燥させます。そして、味や香りをひきだす「火入れ」（加熱すること）という工程をへて製品を完成させます。このように製茶工は茶葉を加工していきますが、大きい製茶工場では工程ごとに分業制で、小規模な工場では複数の工程を担当します。

　緑茶はさまざまな商品にも利用されていて、外国人観光客からも人気があります。

この仕事への道

中学・高校・専門学校・大学など → 茶園・製茶会社 → 製茶工

しょうゆ製造工

探究心 / チームワーク / 地道にこつこつ

伝統的な製法でしょうゆをつくります。

　しょうゆ製造工は、伝統的な製法でしょうゆをつくる仕事です。しょうゆの主な原料は、大豆、小麦、塩です。しょうゆをつくるには、まず大豆を蒸します。この大豆にいってくだいた小麦をまぜあわせ、さらに麹菌を加えてしょうゆ麹をつくり、そこに食塩水を加えてもろみをつくります。できたもろみを6か月以上温度や湿度を調整しながら発酵・熟成させたものをしぼり、火入れという加熱工程をへて、しょうゆが完成します。しょうゆづくりの仕事のなかで、とくにむずかしい作業は、麹菌の管理です。麹菌はしょうゆの味や香り、うまみなどに大きく影響します。しょうゆ製造工になるには、資格は問われませんが、大学などで農芸化学や発酵を学んでおくと、仕事の役にたちます。

この仕事への道

中学・高校・専門学校・大学など → しょうゆ製造会社 → しょうゆ製造工

バリスタ

コミュニケーション / 探究心 / 地道にこつこつ

接客にもすぐれたコーヒーの専門家です。

　バリスタ（barista）とは、コーヒーや軽食を提供するバール（bar）ではたらく人（〜ista）というイタリア語が由来となっています。

　日本でバリスタは、コーヒーの専門家のことをさします。バリスタは、コーヒー豆の選定や豆の焙煎、コーヒーの抽出方法などを熟知していて、高い技術をもっています。ただおいしいコーヒーをいれるだけでなく、エスプレッソコーヒーの表面にミルクで絵や模様をえがくラテアートや、お客さんへの接客もたいせつです。

　バリスタになるために資格は必要ありませんが、しっかりとしたコーヒーについての知識や技術を身につけ、お客さんに高品質のコーヒーを提供する心がけが求められます。

この仕事への道

中学・高校・専門学校・大学など → カフェ・コーヒー専門店など → バリスタ

デパ地下販売スタッフ

コミュニケーション / 体力 / 地道にこつこつ

デパ地下で幅広い層のお客さんに食品を販売します。

デパ地下とは、デパートの地下食品売り場のことで、高品質な食品、総菜や弁当、和洋菓子、パン、特産品やお土産など、いろいろな食品が売られています。老舗や人気ブランドの商品が購入できることから、贈り物や特別な日の食事を買う場所として人気があります。デパ地下は、外国人観光客からも人気で、夕食や移動の際の食事の購入、お土産さがしなどに利用されています。デパ地下販売スタッフは、お客さんにていねいな接客をして商品を販売するだけでなく、食材の産地や賞味期限、おいしさをひきだす調理法などを教えます。また、商品の補充や発注、陳列棚をととのえて商品を美しく魅力的にみせることもたいせつです。食品をあつかうので衛生管理やコミュニケーション力も必要とされます。

この仕事への道

中学 → 高校・専門学校・大学など → デパ地下に出店している企業・店舗 → **デパ地下販売スタッフ**

フードデリバリー（料理配達員）

コミュニケーション / 体力 / 地道にこつこつ

注文された料理をお客さんに配達します。

フードデリバリー（料理配達員）は、お客さんから料理の注文が入ると、店舗でつくった料理を受けとり、注文した人の家や職場などまで届ける仕事です。宅配ピザや宅配寿司などの宅配専門店や飲食店の宅配部門として採用される場合と、フードデリバリーサービス会社と個人で契約して、配達を請けおう場合があります。料理の宅配は、バイクや自転車などで、約束した時間にあわせて、ていねいに正確に届けることが求められます。そのため、迅速で安全に配達する運転技術や、地図やアプリを読みとって配達先まで到着できることが必要です。バイクを使用する宅配では、原動機付自転車免許や普通自動二輪車免許などをもっていると、就業に有利です。料理をまっている人を笑顔にできる仕事です。

この仕事への道

中学 → 高校・専門学校・大学など → 飲食店宅配部門・フードデリバリーサービス会社など → **フードデリバリー（料理配達員）**

コンビニスタッフ

コミュニケーション / 体力 / 地道にこつこつ

街中の便利なお店であらゆるお客さんに対応します。

コンビニとは、コンビニエンスストアの略で、気軽に利用できる便利なお店という意味です。そこではたらく人がコンビニスタッフで、食料品や日用品などの商品の販売や補充のほか、公共料金の支払い、宅配便の受付、チケット販売など、さまざまなサービスに対応しています。さらに店内で揚げ物などをつくって販売するのも仕事です。最初は商品の検品や品出しにはじまり、なれてくるとレジカウンターでの対応や調理などをおこないます。そのほか、店内や店まわりの清掃やごみの整理もします。

さまざまな業務を経験できるため、幅広い技能を身につけることができます。また、地域のお客さんと接することが多いので、地域社会とのつながりを感じることができる仕事です。

この仕事への道

中学 → 高校・専門学校・大学など → コンビニ → **コンビニスタッフ**

さくいん 1巻〜4巻（全120職種）

■さくいんの見方

太字は2巻に掲載されている職種

こ
- コーダー …… ③ 28
- 国境なき医師団スタッフ …… ① 14
- **ご当地グッズ開発者** …… ② 6
- ごみ収集作業員 …… ④ 17

巻数
- ① 復興と安全
- ② 食とインバウンド
- ③ ゲームとインターネット
- ④ 環境とカーボンニュートラル

ページ数

あ
- アプリ開発エンジニア …… ③ 26

い
- 異常気象研究者 …… ④ 6
- **板前** …… ② 36
- 衣服のリペア、リメイク技術者 …… ④ 42
- インフルエンサー …… ③ 30

う
- Webサイト制作者 …… ③ 18
- Webプログラマー …… ③ 29
- Webマーケター …… ③ 29
- **うどん職人** …… ② 38

え
- AIエンジニア …… ③ 22
- エコ住宅製作スタッフ …… ④ 38
- SNS運営担当者 …… ③ 34

か
- カーボンニュートラル研究者 …… ④ 18
- 介護支援専門員 …… ① 16
- 海上保安官 …… ① 28
- 海洋環境調査員 …… ④ 16
- 海洋プラスチック研究者 …… ④ 12
- 河川点検士・河川維持管理技術者 …… ① 42
- 環境アセスメント調査員 …… ④ 29
- 環境管理士 …… ④ 29
- 環境計量士 …… ④ 29
- 環境コンサルタント …… ④ 28
- 環境省職員 …… ④ 28
- **観光農園スタッフ** …… ② 24

き
- 気象庁職員 …… ④ 16
- 気象予報士 …… ④ 10
- CADデザイナー …… ③ 42
- キャラクターデザイナー …… ③ 16
- 救急救命士 …… ① 30

く
- クラウドエンジニア …… ③ 41

け
- ケアマネージャー …… ① 16
- 警察官 …… ① 22
- 警察災害派遣隊 …… ① 22
- 警備員 …… ① 41
- ゲーム機開発者 …… ③ 24
- ゲームクリエイター …… ③ 6
- ゲームデバッガー …… ③ 17
- ゲームプログラマー …… ③ 17

43

さくいん

こ

コーダー	❸	28
国境なき医師団スタッフ	❶	14
ご当地グッズ開発者	❷	6
ごみ収集作業員	❹	17
コンビニスタッフ	❷	42

さ

サーバーエンジニア	❸	41
再生資源回収・卸売人	❹	17
在宅ナレーター	❸	42
サイバー犯罪捜査官	❸	40
サウンドクリエイター	❸	14
山岳救助隊員	❶	29

し

CGアーティスト	❸	12
自衛官	❶	18
地震学研究者	❶	40
システムエンジニア	❸	29
社会体験授業	❶❷❸❹	46
車夫	❷	12
重機オペレーター	❶	42
省エネ家電開発者	❹	41
省エネリフォーム業者	❹	41
消防官	❶	24
しょうゆ製造工	❷	41
食品ロス削減取組者	❹	42
真珠加工技術者	❷	29
心理カウンセラー	❶	34
森林官	❶	40

す

水素発電システム開発者	❹	34
水道局職員・水道事業者	❶	16
スキー場スタッフ	❷	17
寿司職人	❷	30

せ

精神保健福祉士	❶	17
清掃員	❹	17
製茶工	❷	41
節水型機器の開発者	❹	41
潜水士	❹	24
扇子職人	❷	29

た

大工	❶	36
太陽電池の研究・開発者	❹	36
タクシー運転手	❷	16
脱炭素アドバイザー	❹	40

ち

地方整備局職員	❶	41

つ

ツアープランナー	❷	28
つかいすて製品削減取組者	❹	42
津波研究者	❶	42

て

DMAT隊員	❶	6
データサイエンティスト	❸	41
デパ地下販売スタッフ	❷	42

電気自動車研究・開発者 ……………… ④ 26
展望台スタッフ ……………………… ② 10

と

杜氏 …………………………………… ② 18
土木施工管理技士 …………………… ① 41

に

日本政府観光局スタッフ …………… ② 28
入国審査官 …………………………… ① 29

ね

ネットワークエンジニア …………… ③ 28

は

バイオガス発電所運転管理員 ……… ④ 30
バイオ技術者 ………………………… ④ 40
廃棄物処理施設技術管理者 ………… ④ 14
ハザードマップ作成者 ……………… ① 12
バスガイド …………………………… ② 14
パソコンインストラクター ………… ③ 42
蜂の巣駆除の作業者 ………………… ① 38
パティシエ …………………………… ② 34
バリスタ ……………………………… ② 41

ひ

日帰り温泉施設スタッフ …………… ② 17

ふ

VRクリエイター …………………… ③ 16
Vチューバー ………………………… ③ 40
フードデリバリー …………………… ② 42
不動産デベロッパー ………………… ① 17

ブルーカーボン研究者 ……………… ④ 22
プロeスポーツ選手 ………………… ③ 10

ほ

防災グッズの開発者 ………………… ① 26
防災士 ………………………………… ① 10
防災テントの開発者 ………………… ① 17
ボードゲーム開発者 ………………… ③ 38
ホワイトハッカー …………………… ③ 36

み

道の駅スタッフ ……………………… ② 22
土産物店店員 ………………………… ② 29

も

モーションデザイナー ……………… ③ 17

や

屋形船スタッフ ……………………… ② 16
山小屋管理人 ………………………… ② 17

ら

ラーメン店店主 ……………………… ② 40
ライフセーバー ……………………… ① 29

り

リゾートホテルスタッフ …………… ② 26
猟師 …………………………………… ① 28
料理配達員 …………………………… ② 42

わ

和菓子職人 …………………………… ② 40

コラム 社会体験授業

職場体験は、自分たちがくらす地域の会社やはたらく人への理解を深め、仕事への愛着や親しみをもつことにもつながります。ここでは埼玉県川越市の中学1年生が2日間、地元の事業所に出むいて、体験授業をしたようすと、その発見や感想をみていきましょう。

ヤオコー 川越的場店

- 仕事をするのは、たいへんなことだとあらためて実感した。
- 品出しや前出しでは、たいへんむずかしいこともあったが楽しかった。
- 自分のまかされた仕事を終えたあとに、社員の方々からたくさんの「ありがとう」をもらったことは、とてもうれしく感じた。
- 販売業を体験したことを通じて、あいさつのたいせつさを知ることができた。
- こうした経験を、今後の学校生活に生かしていきたいと思った。
- お客さんに商品を聞かれ、こまっていた私を助けてくれたスタッフの方に感謝した。
- 最初は緊張していたが、職場の方々がやさしくむかえてくださったので、緊張がほぐれ真剣に自分の仕事にむきあうことができた。
- スタッフの方にはあたたかく見守っていただき、感謝の気持ちでいっぱいになった。

▲スーパーマーケットの陳列棚に、商品を陳列するようす。

▶効果的に販売するために、売り場の商品を整理整とんしているようす。

くらづくり本舗 吉田新町店

- 包装や箱づめなど、学校では学ぶことのできない貴重な経験を数多く積むことができた。
- 接客をむずかしく感じるなか、お客さんに対しての従業員の方の表情が笑顔で素敵だなと思った。

◀和菓子店で、売り場をととのえる体験。

ステーキのどん 的場店

- テーブルの上のかたづけをさせてもらったことで、きれいにすることのたいせつさ、またお客さんにすわってもらったときのうれしさに気づくことができた。
- この2日間、仕事は楽しいだけじゃなく、たいへんで少しつらい部分もあると知った。
- 皿洗いを通じて、家での皿洗いのたいへんさを知ることができた。

▲ステーキ店で、お客さんが食べた食器をかたづけるようす。

◀洗い場で作業をする体験。

亀屋紋蔵庵 川越西店

- 箱に帯をまくとき、中心よりも少し上にするなど、私があまり気にしてなかったことまでくふうしていたことに感心した。
- 社会に出て仕事をするということは、自分から行動する必要があることを実感した。こうした経験を今後の学校生活や進路選択に生かしていきたいと思った。

◀和菓子店で、販売する菓子折用の箱を準備する体験。

▶パン屋で、パンに入れるリンゴの重さをはかっているようす。

▼トングをつかって、焼きたてのパンをならべているようす。

Bakery パンプキン

- おさないころからお世話になっているパン屋さんを担当できたことには、なつかしく思う場面もあり、お店に貢献できることは、とてもうれしく感じた。
- 責任ある行動のたいせつさ、また何事もなんなくこなす皆さま方のすごさをあらためて感じることができた。

[新・仕事の図鑑] 編集委員会

取材・文
金田陽子

イラスト
ニシハマカオリ

制作協力
有限会社大悠社

デザイン
Sense of Wonder

撮 影
淵崎昭治
割田富士男
石山貴美子
ペンフォレスト

編集・制作
有限会社データワールド

取材協力（敬称略・掲載順）
株式会社FUJISEY
全日空商事株式会社
東武タワースカイツリー株式会社
アクティオ株式会社
えびす屋 浅草店
株式会社はとバス
合資会社浦里酒造店
道の駅富士吉田
一般財団法人ふじよしだ観光振興サービス
宮信観光ぶどう園
ザ・テラスホテルズ株式会社
ザ・ブセナテラス
株式会社銚子丸
銚子丸 南柏店
株式会社ヨックモック
UN GRAIN
株式会社八十嶋
銀座「つるとかめ」
株式会社トリドールホールディングス
株式会社丸亀製麺
丸亀製麺 立川店
川越市立名細中学校
株式会社ヤオコー 川越的場店
株式会アークミール
くらづくり本舗
有限会社亀屋紋蔵
ウツギフード株式会社 Bakeryパンプキン

写真提供（敬称略・掲載順）
株式会社FUJISEY
東武タワースカイツリー株式会社
浦里知可良
ザ・テラスホテルズ株式会社
株式会社銚子丸

2025年3月28日　初版発行

編集　　[新・仕事の図鑑] 編集委員会
発行者　岡本光晴
発行所　株式会社あかね書房
　　　　〒101-0065　東京都千代田区西神田 3-2-1
電　話　03-3263-0641（営業）03-3263-0644（編集）
印刷所　TOPPANクロレ株式会社
製本所　株式会社難波製本

落丁本・乱丁本はおとりかえいたします。
定価はカバーに表示してあります。
© Data World 2025 Printed in Japan
ISBN978-4-251-07782-0
https://www.akaneshobo.co.jp

※この本に掲載されている内容は2024年取材・執筆時のものです。

NDC600
[新・仕事の図鑑] 編集委員会
未来へ ステップ！ 新・仕事の図鑑　2
食とインバウンド
あかね書房　2025年　47p　27cm×22cm

新 仕事の図鑑
未来へステップ！
第1期　全4巻

---

① 復興と安全

天災からの復興や日々の安全にかかわる職種を集めました。自衛官、防災グッズの開発者、救急救命士、大工、蜂の巣駆除の作業者など掲載。

---

② 食とインバウンド

食にまつわる仕事やインバウンド需要に応じる職種を集めました。バスガイド、観光農園スタッフ、寿司職人、パティシエなど掲載。

---

③ ゲームとインターネット

インターネットを利用して発展している職種を集めました。ゲームクリエイター、AIエンジニア、インフルエンサー、SNS運営担当者など掲載。

---

④ 環境とカーボンニュートラル

環境問題の研究や解決に携わる職種を集めました。異常気象研究者、海洋プラスチック研究者、バイオガス発電所運転管理員など掲載。